Helga Panitzky

Der Weg zu Dir

Romantische Liebesgedichte

Helga Panitzky
Der Weg zu Dir, Romantische Gedichte
Alle Rechte beim Autor
Copyright © 1976-2002 by Helga Panitzky
Umschlagsgestaltung und Grafiken:
Copyright © 2002 by Klaus Panitzky

Herstellung: Books on Demand GmbH

ISBN 3-8311-4381-1

Gefühle

Sie verhöhnen dich, sie geben dir Kraft.
Sie streicheln dich, sie schlagen dich.
sie geben dir Liebe, sie geben dir Angst.
Sie zerstören dich, sie verleihen dir Macht.

Gefühle sind Mächte, die uns irren ohne Rast.
Sie sind aus höherer Ebene gesteuert,
eine Welt, die wir nicht fassen können.
Sie spielen mit uns, wie's ihnen paßt!

Der Mensch ist zu schwach,
ihre Macht zu ergründen.
In ewiger Jagd sein Ich zu finden,
hat sich der Mensch zu Eigen gemacht.

Gefühle, Energien aus dem Dasein geboren.
Auch wenn sie uns jagen und wir uns beklagen,
sie spielen weiter aus ihre Macht!
Jedoch, ohne sie wär' der Mensch verloren.

Himmlische Träume

Halt´ sie fest die bunten Träume,
die für dich vom Himmel fallen.
Später fragst du dich: Warum –
ließ ich sie in mir verhallen?

Träume, die für dich geboren,
die das Leben einmal gab.
Später, wenn du sie verloren
wenn denn niemand nach dir fragt –

Dann ist´s zu spät für Illusionen,
zu spät für dich und deinem Tun.
Suche heute deine Träume,
um endlich in dir auszuruh´n.

Rose mein

Du stolze Rose
du erblühest und vergehst
wie ein Atemzug.
Rose zart, Rose fein
magst immer meinem
Herzen nahe sein.
Blühe und gedeih
dort alle Zeit.

📖

Wahrheiten

Ich war süchtig nach dir,
es war wie ein Rausch –
für den Augenblick.

Nun muß ich lernen
dich zu vergessen.

📖

Meine Seele

Wenn scheu dein Blick mich fragt
um meine Seele bangend,
wenn selbst dein Herz verzagt,
weil der Schmerz ist so verlangend.

Dann horche nur in dich hinein
und höre deinem Geiste zu,
es muß das Paradies wohl sein,
das wir durchwandern, ich und du!

Gewöhnen

Ich werde mich an dich gewöhnen
gleich wie du bist, ich will nur dich
will dich lieben, dich verwöhnen
will jede deiner Tränen stillen
in meinem Herzen wohnst nur du.

In meinem trauten Liebesgarten
da warte ich auf dich
ich küß' den Mund, den Deinen
du darfst nun nicht mehr weinen
Geliebte, komm, verführe mich.

Blütenschnee

So weiß wie Frühlings Blütenschnee
bist du mein liebes Madel
so frisch wie grüner Klee
bist ohne jeden Tadel.

So samtenweich die warme Haut
so goldenblond dein Haar
mir ist als wären wir vertraut
ein ewig während Liebespaar.

Zürne nicht der dummen Fragen
du, mein liebes Madel fein
komm, o komm, mein liebes Madel
und sei auf ewig mein!

Verliebt

Im Zaubergarten für Verliebte
hab' ich dich wandeln seh'n.
Ein Flammenmeer um mich erglühte
was war denn nur mit mir gescheh'n?

Ich blühte auf seit dieser Zeit
wie eine wilde Knospe.
Ich war zu jeder Dummheit bereit
egal was sie auch koste.

Ich trank dort aus dem Liebeskelch
und wollte niemals mehr erwachen.
Heut' bin ich wieder ganz allein.
Verflucht sei'n Lieb' und Leidenschaften.

Irrtum

Du warst der kleine
Irrtum in meinem Leben
doch ich habe mir verziehen!
📖

Freiheit

Zur Sonne, zum Licht
zum ewigen Leben
zur endlosen Freiheit
nach dunkler Nacht.

Zur Sonne, zur Wärme
streckt sich mein Haupt
es labt sich
die dürstende Seele.
📖

Gespielt

Du hast mit meinem Herzen gespielt
und ich verdrängte
meinen eigenen Betrug,
weil ich mir selber
nicht glauben wollte.

Als der Krug zur Neige ging
klammerte ich mich trotzdem
an dich.
Wie erbärmlich feige ich war!
Ich habe geglaubt einem Narr
anstatt mir selber zu vertrau'n!

Wenn wir sehen könnten

Hinter der Wahrheit
verbirgt sich die Lüge

hinter der Lüge
versteckt sich die Wahrheit

je näher ich der Wahrheit komme
begreife ich die Lüge

je näher ich der Lüge komme
begreife ich die Wahrheit

und einsamer wird meine Welt
jeden Tag ein wenig mehr

wo beginnt die Wahrheit
und wo beginnt die Lüge?

wer kennt die Wahrheit
und weiß sie zu deuten

die Antwort darauf
kann niemand uns geben

es sei, wir betrachten das Leben
als einen endlosen Traum.

Geflügelte Worte

Ein kleines Wort, von Flügeln getragen
fliegt heute zu dir.

Das kleine Wort, es möchte dir sagen
das ich in Gedanken bin bei dir.

Ein kleines Wort das sagt: Ich liebe dich!
Ein leises Fleh'n, das sagt: Beschütze mich!
Heute, morgen, alle Zeit!

Mehr als Worte

Liebe ist mehr, viel mehr
als Tausend Worte es sagen können.
Nur wer liebt, trotzt allen Mächten der Welt.

Wer liebt, weiß daß die Liebe nicht fragt,
nach dem Wieso und dem Warum!
Nur wer liebt, erlebt sein eigenes Märchen
denn er hat es selbst erschaffen.

Schatten

Dreh dich nicht um
wenn dich Schatten begleiten,
laß' die Vergangenheit hinter dir.

Weine nicht nach vergangenen Tagen,
weine nicht nach der verlorenen Zeit.

Über jeden Tag, über jede Stunde,
wirft die Zeit ihr eigenes Kleid!

Augenblicke

Manchmal spüre ich die Kindheit,
die sich wie eine Blume öffnet
und sich sofort wieder schließt.

Manchmal erlebe ich die Vergangenheit.
Ich atme die Zeit, die verlorene Zeit
und bin doch so weit entfernt von ihr.

Die Erinnerung ist wie eine Fata Morgana.
Ehe ich sie begreife, schwebt sie davon.

Weine nicht

Weine nicht nach ihm,
weine nicht nach
deiner verlorenen Liebe.
Er war Deiner nicht wert!

Romantik

Wenn man jung und verliebt ist
glaubt man, die Welt steht still,
der Tag hört auf zu atmen.
Das Herz liebt, weil es lieben will,
die Schönste aller Taten.

Wenn man jung und verliebt ist
zeigt der Tag sein eigenes Gesicht.
Er betört dein Ich, weil deine Seele
poetische Worte spricht
und du, du merkst es nicht.

Du kämpfst und hast schon verloren,
du betäubst dich und schließt deine Ohren,
wenn Träume kommen und gehen.
Träume, aus dem Nichts geboren.

Allein

Als wärest du neben mir,
spüre ich deinen Atem.
Wohin ich auch gehe,
dein Bild bleibt immer
lebendig in mir.

Als wärest du nie fortgegangen,
doch bist du so weit von mir.
Ich habe noch Tausend Fragen
die rufen, rufen nach dir!

Wiedersehen

Ich sah dich wieder
nach vielen Jahren,
ich sah dich wieder
nach der Zeit.
Ich höre unsere Liebeslieder
wie weit liegt das alles,
sag, wie weit?

Wir waren damals
so zauberhaft jung,
wir glaubten an ein
gemeinsames Glück.
Geblieben ist nur die
Erinnerung,
es führt kein Weg
zu unsrer Liebe zurück.

Glaube

Vielleicht werden wir uns
schon morgen begegnen
und das Schicksal bringt
dich zu mir zurück.
Vielleicht wird es morgen
gelbe Rosen regnen,
Rosen der Liebe
für dich und mich!

Liebeszauber

Wer liebt der glaubt, die Welt steht still,
für einen Augenblick.

Wer liebt der zehrt von diesem Glück,
reich schmücket sich der Sinn.

Wer liebt erlebt sein eignes Märchen,
er hat es selbst geschrieben.

Wer liebt gewinnt, denn er ist reich,
wer liebt, kann ewig neu beginnen!

Licht und Schatten

Du kamst in mein Leben
und heller wurde mein Tag.
Dann bist du gegangen
es weinte still mein Herz.

Es verlor sich deine Spur –
zurück blieb die Sehnsucht
und das kleine Wort:
»Warum?«

Heidezauber

Als hätte nun zur späten Stund'
die Zeit die Erde neu geküßt,
denn über Moor und Heide
andächtger Friede ist.

Als würde sich der Abendwind
zur Ruhe nun begeben,
schläft ein wie ein gehorsam Kind
auf Moor und Heidewegen.

Weiße Nebel leuchten
wie gesponnene Seide,
die Nacht nimmt nun
dem Tag das Licht,
zur Ruh legt sich die Heide.

Verzeih mir

Gib mir eine Chance, verzeihe mir!
Sag, daß es nicht zu spät,
ein neues Leben zu beginnen
mit dir, mit dir, Geliebte!

Laß' uns noch einmal neu beginnen
und goldne Träume spinnen.
Und glaube mir,
alles wird wieder gut!

Ein Sommertag

Ein Sommertag verzaubert die Welt
und erfüllt des Menschen Sehnen.
Der Sommer uns sein Geheimnis erzählt,
er bringt unsere Herzen zum Lieben.

Ein Sommertag berauscht unsere Sinne,
wir sind mit dem Glück auf du und du.
Auf heller Tag, gewinne
und führe uns dem Lichte zu!

Das Rendezvous

Das erste Rendezvous
der erste scheue Kuß
das erste leise „Du"
der erste Hochgenuß.

Verliebte Augenblicke
der erste Liebesschwur
betörende Momente
es zählt das eine nur.

Daß es ewig nur so bliebe
für heut' und alle Zeit
daß man nur den Einen liebe
und glücklich ist zu zweit.

Doch oftmals kommt es anders,
anders als man je geglaubt.
Ein Herz spielt falsch mit den Gefühlen
die Träume sind auf Sand gebaut.

Immer nur Du

Immer nur du, Tausendmal du
Gefühle wie Samt und Seide
immer nur du, Tausendmal du
du bist wie ein einziger Traum.

Immer nur du, Tausendmal du
du bist wie ein kostbarer Edelstein
immer nur du, Tausendmal du
du bist auf ewig, mein, nur mein!

Machtspiele

Schwermütig weht der Sommerwind
über Wälder, Wiesen, Weiden,
küßt der Zeiten liebstes Kind
der Sommer muß nun scheiden.

Tausendfach sah ich es leuchten
vom hohen Baume kupfergold,
Nebel ziehen und befeuchten
schon den grauen Erdengrund.

Warte, warte nur ein Weilchen
bis die Natur aufs Neu erwacht.
Wenn sie erblüh'n die lieblich Veilchen
dann hat gesiegt die ewige Macht.

Wer?

Wer hat meine Träume zerstört,
damals, als die Welt noch so jung.
Niemand hat mein Weinen gehört,
was bleibt ist die Erinnerung.

Wer gibt mir meine Träume wieder,
befreit mich von allem Zwang?
Wann verstummen meine Sehnsuchtslieder,
heute, morgen, sag doch wann?

Verrat

Du hast mit mir gespielt
meine Liebe mit Füßen getreten
und was tat ich?

Ich weigerte mich, der Wahrheit
ins Gesicht zu sehen
weil ich mich selber betrog.

Ich habe bezahlt
mit Tausend Tränen
doch immer noch regt
sich im Herzen ein Sehnen,
nach dir und dem
verlorenen Glück.

Wunder

Nur der, der liebt
wird Liebe empfangen
und sich erfreuen
an den Wundern des Lebens.

Nur der, der hofft
dem leuchtet ein Stern
durch die dunkelste Nacht.

Nur der, der verzeiht
dem wird Gnade gewährt
reich ist seine unsterbliche Seele.

Das größte aller Wunder
bist du, einzigartige Liebe.
Nur der, der liebt
weiß um der Liebe Macht
nur er kennt
der Liebe Geheimnis.

Lieblichkeiten

Rose erblühe, erblühe
durch die kommende Zeit.
Rose erglühe, erglühe
durch die Ewigkeit.

Liebliche Rose bald bist du
verblüht
in mir regt sich ein ewig Verlangen
nach dir, nach dir
du Königin der Zeit!

Abschied

Laß' mich verstehen wenn du sagst
du willst von mir geh'n.

Erst gestern sagtest du,
daß du mich liebst,
daß es niemanden anderen
für dich gibt.
Es zählt nur unsere Liebe.

Sag, was ist zwischen gestern und heute
gescheh'n?

Gestern glaubten
wir an ein gemeinsames Glück.
Heute muß ich dich gehen lassen
doch ich kann dich nicht hassen
Leb wohl und alles Glück für dich!

Liebesglauben

Unsere Herzen sind
nach langer Irrfahrt
wieder vereint.

Wir sind Daheim,
wir sind Zuhaus´.
Vergessen ist alles Leid
was zählt ist nur
unsere Liebe.

Gemeinsam sind wir stark
und gehen dem Tag entgegen
und fürchten uns nicht
was wird morgen gescheh´n!

Wann kommst du?

Wann kommst du
du unberechenbare Liebe.
Wann kommst du
und hüllst mich
in rosarote Wolken?

Wann wird es gescheh'n,
wann wird es sein,
wenn sich Schatten
mit dem Licht vermählen.

Sag doch, sag doch endlich wann!
Wann wird sich unser Wunschtraum
erfüllen?

Mir bleibt keine Zeit
um das Glück festzuhalten
denn zu viel ist geschehen
in der Zeit.

Träume

Wer hat unsere Träume zerstört
wie konnte das gescheh'n?
Hast du mein Flehen nicht gehört?
Wirst du mich je versteh'n?

Wer hat unsere Gefühle verletzt?
Und sie getreten mit Füßen,
wer hat die Zeit auf uns gehetzt?
Warum mußten wir für
unser Dasein büßen?

Das Feuer

Heiße Lippen vom Feuer
umschlungen.
Sehnsuchtslieder von Lippen
gesungen.
Zwei Seelen von einem Gedanken
getragen.
Die Zeit wird das Unfaßbare
wagen.
Denn die Zeit bleibt
für uns zwei einfach steh'n!

Mein Held

Komm, o komm doch, du Held meiner Träume
komm und verzaubere meine Welt.
Laß mich den Augenblick nicht versäumen,
durch dich mein Leben sich erhellt.

Komm, o komm doch mein starker Held,
komm und reich mir deine Hand!
Bringe den Zauber in meine Welt
und entführe mich ins Liebesland!

Warum?

Warum kann ich dich nicht finden,
warum gibt mein Herz keine Ruh?
Die Bäume sich himmelwärts winden,
mein Herz schreit immer: Nur du! Nur du!

Ich rufe laut deinen Namen,
doch du hörst mein Rufen nicht.
Als stände nah´ uns eine Felsenwand.
die alle Gefühle bricht.

Glück

Sag endlich ja, mein kleines Glück,
sag endlich ja und komm zu mir.
Die Welt hält fest den Augenblick
und öffnet uns die Tür.

Sag endlich ja und halt mich fest,
zieh grußlos nicht an mir vorbei.
Bestehe doch den kleinen Test,
zu schnell doch rauscht das Leben vorbei.

Herbstspiele

Der Sommer geht, es folgt der Herbst,
legt offen seine Schönheit wieder.
Was tue ich in dieser Zeit?
Ich lausche still auf seine Lieder.

Es hat der Herbst mit seiner Pracht
mir seine Melodie gesungen.
Mir ist's, als hätt' die neue Macht
die Sommertage grad verschlungen.

Als hätte sich die alte Zeit
zur Ruhe nun begeben.
Der Herbst spinnt goldne Fäden weit
auf allen unseren Wegen.

Sinnlichkeiten

Das Herz entflieht dem Lauf der Zeit,
bald legt sich der Tag zum Schlafe nieder.
Jede Stunde trägt ein anderes Kleid,
die Jugendtage kehr'n niemals wieder.

Wie eine Rose hold, so blüht die Jugendzeit
ehe sie richtig erblüht ist sie schon vergangen.
Das Herz, das einst erglühte weit,
wird heute noch vom Zauber umfangen.

Das Alter ist eine Frage der Zeit
sie berauscht uns, sie erdrückt uns
im Laufe unseres Lebens.
Frag nicht nach dem Warum.

Du suchst die Antwort doch vergebens.
Die Zeit, sie schmückt sich aus
in purer Eitelkeit.

Erinnerung

Weißt du noch
als du mir einst
den ersten Liebesbrief geschrieben?
Dort stand in Tinte Wort für Wort
wie sehr wir uns einst liebten

Weißt du noch
die Zeit mit dir,
wo ist sie nur geblieben?
Heut klopft der Herbst
an unsere Tür.
Wer hat die Zeit getrieben?

Verzeihen

Der, der verzeiht
hat zu sich gefunden
der, der verzeiht
der wird gesunden!

Kehre um
es ist nie zu spät
auf den rechten Pfaden
zu wandern

Wenn du dich
selbst gefunden
triumphiert nur die Liebe in dir
deine Seele, die fast zerschunden
bekommt neue Flügel in dir.

Wir

Wir gehen dem hellen Morgen
entgegen
nur wir beide, du und ich
Blumen blühen
auf unseren Wegen
Blumen der Liebe
für dich und für mich.

Die Liebe entführt uns ins
Zauberland
sie verleiht uns unsichtbare Flügel
die Liebe blüht für dich
und für dich
und festigt unser
inneres Band.

Lodernde Flammen

Ein liebendes Herz
duldet und verzeiht
ein liebendes Herz
weiß immer die Antwort.

Ein liebendes Herz
trotzt allen Mächten der Welt
ein liebendes Herz
verzeiht selbst seinem
größten Feind.

Wo die Liebe regiert
mußt der Haß kapitulieren
alles Böse wird besiegt
von der einzigartigen Liebe.

Hoffnung

Einmal kommt Jemand
der dich liebt wie du bist
der dich annimmt
der dich begehrt
vertraue dir und
der kommenden Zeit
das Glück kommt zu dir
wenn es dazu bereit.

Einmal kommt Jemand
und ein End hat alles Leid
einmal kommt Jemand
der dich aus deinem
trostlosem Dasein befreit.

Heideromantik

Als hätte heut der Himmel
die Erde neu geküßt
über Moor und Heide
stiller Friede ist.

Als wolle nun der Abendwind
zur Ruhe sich begeben
schläft ein wie ein gehorsam Kind
auf Moor und Heidewegen.

Weiße Nebel ziehen
geheimnisvoll dahin
sie treiben ihre Spiele
bis zum Tagbeginn.

Die Frage

Der, den ich geliebt
ist von mir gegangen.
Mein Herz fragt noch heute
warum nur, warum?

Warum fand dein Herz
nicht die Erfüllung,
gemeinsam mit mir
durchs Leben zu geh'n?
Morgen wird vielleicht
eine Andere
an deiner Seite geh'n.

Ich!

Meine Seele dürstet
nach inniger Liebe
ich trinke und trinke
bis meine Seele
gesättigt ist.

Ich umarme mich
und bin mir ganz nah
ich knüpfe Kontakt
zu meinem Ich.

Ich streichle mich
fühle mich in mir geborgen
ich weiß, ich bin mir nun –
unendlich nah!

Du!

Du bist das Licht
auf meiner Straße
die helle Sonne neben mir
ich liebe dich über alle Maßen
alle Wege führen zu dir
nur zu dir!

Du bist mein Glück, mein Leben
du bist wie der junge Morgentau
deine Liebe wird mir alles geben
verschwunden ist des Daseins Grau.

Wunder

Die Rose im Herbst
schenkt dir Vertrauen
sie entfaltet noch einmal
Schönheit und Kraft
der Himmel schickt dir
die Wolken, die Blauen
und hat das
letzte Wunder vollbracht.

Die Rose im Herbst stillt
dein Begehren
bevor der Sturm ihre
Blüten verweht
du kannst Dich
gegen die Zeit nicht wehren
weil die Zeit dich mit
auf die Reise nimmt.

Die Zeit ist unbarmherzig
sie kennt keine Gefühl,
kein Mitleid mit dir
du mußt sie akzeptieren,
du mußt sie annehmen
du kannst die gnadenlose Zeit
nicht ablehnen
die Zeit ist ein Teil von
dir und von mir!

Betrachtungen

Deine Augen sagen mehr
als Tausend Worte,
deine Lippen schweigen
und sagen so viel.

Ich kenne dich seit Ewigkeiten
weiß um deiner Liebe Macht
meine Sinne werden dich
immer begleiten
all meine Gedanken
sie fliegen zu dir.

Des Sommers Abschied

Scheidende Sommertage
ihr zieht dahin, dahin
bald kommt
die Zeit der Klage
der Herbsttage Beginn.

Sommersonnentage
ihr wart wie heiße Glut
ein einzig Festgelage
für neue Lebensbrut.

Schon zieht die neue Zeit
über Wald und Flur
wirft ab ihr grünes Kleid
im Wechsel der Natur.

Fata Morgana

Du hast ihn leiden geseh'n
obwohl er sein Leid nicht gezeigt
du hast ihn weinen geseh'n
obwohl er keine Träne geweint

Du hast seine Nähe gefühlt
obwohl er nicht mehr bei dir ist
du hast ihn lachen gehört
und seinen Atem gespürt

Du hast ihn gerufen
ein kalter Wind wehte dir
durchs Gesicht
Dein Traummann bleibt
verschwunden
und deine Tränen
sieht man nicht!

Entflammt

Du kamst in mein Leben
und heller wurde der Tag

Seit dieser Zeit
ist der Tag jung geblieben
deine Liebe trägt mich
durch Freud und Leid
ich liebe dich, nur dich allein
du hast in mir
Tausend Feuer entfacht.

Du bist wie eine
Blume im Wind
die nie mehr verblüht
solange ich lebe
du bist mein Glück,
mein Leben
Du bist ein einziges Liebeslied.

Kindheitsträume

Ich suche meine
Kindheitsträume
ich finde sie nicht mehr
und ärmer wird mein Tag

Wer hat sie verweht
meine Kindheitsträume
die wie stumme Gestalten
durch meine Seele zieh'n
ehe ich sie spüre, begreife
entgleiten sie ins Niemandsland.

Erfüllung

Du bist für mich die Erfüllung
Du bist wie der Sonne
leuchtendes Gold

Das tief durch meine Seele zieht
und mich ganz ruhig atmen läßt
ich weiß, daß es dich gibt
und der mich
nimmermehr verläßt.

📖

Glück

Was mir fehlt
das bist zweifelhaft du
komm, o komm Geliebter
ich brauche dich
wie die Luft zum Atmen
ich brauche dich und deine Liebe.

📖

Abschied

Morgen wirst Du weinen
der Sommer nahm Abschied
von dir.
Die Zeit sie flieht, sie flieht
das Herz das einst erblüht
muß irgendwann mal scheiden.

Morgen wirst du traurig sein
denn es beginnt der Herbst.
Er nimmt dir alle Lebendigkeit
die Tage der Sehnsucht liegen so weit,
bald brichst du auf zu neuen Wegen.

Gehe nicht!

Geh noch nicht
bleib' doch steh'n
bevor wir auseinandergeh'n
dieser kleine Augenblick
ist alles was uns bleibt
und das kleine Wort:
Warum?

Leb' wohl, alles Glück für dich
es trennen sich unsere Wege
du, der du einmal alles
für mich warst
gehst nun fort von mir
nie mehr wird es für uns zwei
ein Happy-End geben.

Vorbei

Vorbei ist die schöne Zeit
nur mein wundes Herz
immerfort nach dir schreit
nach dir mein Geliebter

Gestern noch war ich
ein ehrbares Kind
ich lauschte dem ewigen
Sommerwind
gestern Gespielin, heute Geliebte
gestern die Fröhliche heut' die Betrübte
sag, was ist zwischen
gestern und heut' nur gescheh'n?

Zeitspiele

Es naht die Zeit
schon Neben wallen
und aus tiefem Tal
schmückt sich der Baum
im goldenen Kleid

Verwehtes Laub
deckt zu den Staub
nimmt fort des
Sommers Spiele

Der Herbst singt seine Melodie
hör nur sein stilles Werben
um dich herum Melancholie
und sommerliches Sterben.

Sommernacht

Wie hat mein Herz
für dich geschlagen
für dich, in jener Sommernacht
die Zeit mit dir hat mich getragen
die Liebe eine Zauberkraft!

Noch heute höre ich deine Worte
die zärtlich und voll Poesie
ein Zauber lag auf jenem Orte
die Zeit mit dir, vergeß' ich nie.

Ist die Zeit auch längst geschieden
die Liebesschwüre lang verweht
so ist mir eines doch geblieben
zum Träumen ist es nie zu spät.

Sehnsucht

Wie hing ich einst an deinen Lippen
wie lockte mich dein roter Mund
wie habe ich mit dir gelitten
sah auf deiner Seele Grund.

Einzig seltsam mein Gemüt
mein Aug' es glühte nicht wie einst
stand ich doch in des Lebens Blüte
und trotzdem hat mein Herz geweint.

Nach dir du ungetreu' Geliebter
nach dir und deinem falschen Tun
ich jedoch, muß mich nun fügen
um endlich in mir auszuruh'n!

Stille

Still lag ich da im hohen Grase
die Mittagssonne lachte mir zu
müde schloß ich meine Augen
in meinem Träumen warst nur du!

Ich sah in deine hellen Augen
sah tief auf deiner Seele Grund
ich wollte meinem Herzen glauben
küßte ganz scheu deinen Mund

Du ließest willig es geschehen
du lachtest mir ins Angesicht
jemand rief, „Laß ihn doch gehen“
nur ich verstand die Sage nicht

Ich wollte nimmermehr erwachen
zu süß, zu schön war dieses Glück
in mir erklingt ein frohes Lachen
nach dem süßen Augenblick!

Verliebt

Du bist wie eine Rose
so zart, zerbrechlich schön
ach hätt' ich dich Geliebte
doch nie zuvor geseh'n.

Es ist so schön dich anzuseh'n
mein Herz dürstet nach dir;
laß dir in die Augen seh'n
sag nur das eine Wort zu mir!

Fällt es dir so schwer zu sagen:
„Mein Schatz ich liebe dich. "
Ich hab' im Herzen so viel Fragen
doch du verstehst sie nicht.

Hätt' ich dich nie gesehen,
mein Herz es fände Ruh.
Zu spät, es ist um mich geschehen
meine zartes Mädchen, du!

Ein Wort

Sag nur ein Wort
ein einziges Wort
das sagt, ich liebe dich

Schenk' mir einen Blick
einen einzigen Blick
der schmeichelt meinem Ich

Streichle mich, berühre mich
und aller Schmerz der Welt
vergeht.

Deine Hand

Ich küsse deine zarte Hand
die zärtlich in der meinen liegt
ich spüre deine weiche Haut
wenn du dich
an mich schwiegst

Ich schau' auf
deinen zarten Mund
der dem meinen nahe ist
und küsse deine Lippen wund
weil du das Liebste bist

Du schweigst Geliebte
sag warum?
Im Moment des höchsten Glücks
dein roter Mund er bleibt so stumm.
Vertraust du nicht dem Augenblick?

O, Geliebte, hörst du nicht
mein Herz nun fragend schlagen?
Das nur schlägt für dich, für dich
was soll ich dir noch sagen!

Mein Herz ist voller Seligkeit
meine Lippen langsam schweigen
öffne deine innere Tür
und stell' mir Tausend Fragen!"

Maienzeit

Ich denke dein
nun in der Maienzeit
ich höre mein Herz
wieder kräftiger schlagen
die Zeit sagt an, es ist soweit
ein neues Liebesspiel zu wagen.

Die Macht der Liebe

Du warst einfach da
und heller wurde mein Tag
seit dieser Zeit
ist der Tag jung geblieben

Deine Liebe trägt
mich durch den Tag
und durch die kommenden
Zeit
heute, morgen
ein ganzes Leben lang.

Das Land der Liebe

Kommt mit in das Land der Liebe
ich gehe euch allen voraus
dort wo Ruhe und Friede
kommt mit durch unser Liebeshaus

Kommt mit, ich zeige euch den Weg
die Brüderlichkeit ist bei uns zu Gast
alle Ängste wir in Gottes Hand legen
er ist bei uns, macht bei uns Rast

Kommt mit durch unser Liebeshaus
Er führt uns über alle Brücken
wenn wir das helle Licht erspäh'n
werfen wir fort die störenden Krücken

Kommt mit in das Land der Liebe
ich gehe euch allen voraus!
Dort, wo der ewige Friede wohnt
kommt mit durch Gottes Liebeshaus!

Machtspiele

Sie nennt sich Zeit
die wir mit dem Verstand
nicht fassen können
sie spannt ihre Flügel weit
als würde sie alles umrennen

Was ist die Zeit
die uns gefangen nimmt
die ständig an Macht gewinnt
egal, wie sehr wir
uns gegen sie wehren

Die Zeit kennt keine Zeit
sie kennt keinen Anfang
und kein Ende
Sag, wer will sie beschreiben
die rastlose, mächtige Zeit!

Befreiung

Wir bauen uns ein Haus
aus gläsernen Wänden
und lassen die helle
Sonne hinein

Wir bauen uns eine Burg
aus goldenen Steinen
hoch über dem Berg
zwischen Schatten
und Licht

Wir bauen uns eine Brücke
bis hoch zu den Wolken
und schlagen
die Zelte in Felsgestein.

Wir schauen den Himmel
mit wachen Blicken
und werden schnell
wie die Adler sein

Wir fliegen mit ihnen
über den Wolken
der grenzenlosen
Freiheit entgegen.

Verweht

Die letzten Blütenträume
verweht der Sommerwind
lautlos fliegen sie dahin
kein Sterblicher wird je versteh'n
wohin, wohin sie zieh'n, wohin

Es nahet nun die stille Zeit
der Herbst hält Einzug im Geäste
vorbei des Sommers Herrlichkeit
die neue Zeit schmückt sich zum Feste

Dir neue Tag dir Freude bringt
möcht' auch dein Herz liebkosen
Seele trinke und erfreu dich
an der Zeit der Herbstzeitlosen!

Mutprobe

Verborgene Ängste, die Jäger der Zeit
sie fordern, betäuben dein schwaches Ich
sie spielen mit ihrer Macht
doch du erkennst sie nicht

Verborgene Ängste, die dich anklagen,
dich verhöhnen, deinen Geist gefügig machen
doch du erkennst sie nicht, die Mörder aus
der Zeit.

Befreiung

Nur der Himmel sah
meine Tränen
die ich geweint nach dir
nach dir., mein treuloser Geliebter!

Doch die Zeit hat gestillt
mein großes Sehnen
versiegt sind die Tränen
meine Seele weint nicht mehr!

Der Gewinn

Wenn Träume, die du träumst
leis' ganz leis' verweh'n
wenn einmal deine Schritte
von meiner Seite geh'n

Wenn graue Schatten ziehen
durch der Tage Zeit
dem hellen Licht entflieh'n
dann ist dein Herz bereit

Du öffnest deine Sinne
es reift die Seele nun
auf das der eine dich gewinne
weist dir den Platz
um auszuruh'n!

Liebesschwüre

Als sich meine Träume
im hellen Licht gewiegt
als ich mich als
verliebtes Mädchen
in seinen Arm geschmiegt

Als sich meine Träume
entblätterten wie welker
Samen
und über neue Wege
neue Träume kamen

Doch welkt nun Kirsch
und Fliederbaum
das Herz entflieht der Zeit
das Leben ist
ein kurzer Traum
endlos die Ewigkeit.

Gott Amor

Ich war süchtig nach dir
nach deiner Liebe
du warst der Held
meiner Träume

Du warst
eine schöne Illusion
und stark wie Gott Amor
ein Herzschlag und ein Gedanke!

Mein Paradies

Ich suchte in mir eine Insel
des Friedens
und ich fand ein Paradies in mir

Der Weg dorthin
war mühsam und schwer
doch meine Seele
dürstet nimmermehr
mag nun eine höhere Macht
mein kleines Paradies behüten!

📖

Der kleine Augenblick

Glück und Erfolg sind nur der
Ausdruck eines kurzen Augenblicks
sofern du den Augenblick
überhaupt spürst!

📖

Meine Träume

Ich hatte meine Träume
damals, als die Welt so jung
doch ich mußte erfahren
nach all den Jahren
blieb nur die Erinnerung

Glanzlichter entfernten sich
schwebten haltlos
durch alle Fernen
heute habe ich meinen
Träumen verziehen
denn Träume verzaubern
um dann zu entfliehen
ins Niemandsland!

Berauschende Erinnerung

Was soll ich dir verzeihen?
Verband uns unsere Liebe nicht
ein Stück gemeinsamen Lebens?
Ich war so glücklich,
so unsagbar glücklich
unsere Liebe war nicht vergebens.

Leb wohl, es trennen
sich unsere Wege,
ich habe dich geliebt.
Du warst der Held
meiner Mädchenträume.

Doch ich habe erkannt,
es hat keinen Sinn,
nun, wo ich nicht mehr bei dir bin,
betrachte ich die Welt
mit nüchternen Augen!

Atemlos

Ich war berauscht von
deinem Anblick
dein Lächeln ging
mir unter die Haut.

Noch heute spüre ich deine Küsse
noch heute atme ich deinen Atem
wenn er mich berührt
im Vorübergeh'n.

Eitelkeiten

Zähle alle Sommertage
alle glücklichen Stunden zu zweit
das Leben ein einzig Festgelage
getragen von purer Eitelkeit!

Lieblicher Maien

Maiglöckchen läuten den Frühling ein
kommt, laßt uns tanzen, springen
es grüßen uns die Vöglein klein
um mit der Welt ihr Lied zu singen

Der Mai ist nun aufs Neu erwacht
die Welt träumt ihr eigenes Märchen
der Frühling lockt mit aller Macht
und grüßt die verliebten Pärchen.

Traurigkeiten

Zeit der Traurigkeit
der stummen Augenblicke
machen mich müde in der Zeit
wie weit muß ich noch gehen
sag wie weit?

Du bist ohne Gruß gegangen
und kamst nie mehr zurück
was ist mir geblieben
von unserem Glück?
Nichts, nur innere Leere.

Ich glaubte die Sonne
geht nicht mehr auf um mich herum
ein einziges Flammenmeer
Zeit der Traurigkeit, der stummen
Augenblicke
Zeit ohne Hoffnung
Zeit ohne Wiederkehr.

Verloren

Ich habe gekämpft
um unsere Liebe
doch ich war zu schwach
dich zurück zu gewinnen

Ich habe dich verloren
doch meine Seele
schreit jeden Tag nach dir
nach dir und deiner Liebe.

Spätsommer

Der Sommerwind weht
noch einmal
über Feld und Fluren
es hinterläßt der Sonnenstrahl
goldene Sommerspuren.

Wir atmen die letzten Sommertage
und lassen uns berauschen
nicht Zeit mehr findet die Klage
kommt mit, laßt uns dem
Sommerwind lauschen!

Der Rosengarten

Ich schritt durch den Rosengarten
um nach den Blumen zu sehn
da sah ich ein Mägdlein warten
sie war so jung und so schön

Sie hatte zwei hellblaue Augen
dazu einen kirschroten Mund
sie kam um den Sommer zu schauen
sah mir auf der Seele Grund

Ich küßte zart ihre Lider
mein Herz war seltsam schwer
denn Sommer ward es wieder
von fern zogen Träume her

Wir träumten beide das Märchen
vom Sommer der nie vergeht
hoch über uns sang die Lerche
und der Wind das Echo verweht

Ich lauschte der Liebsten Worte
mir wurde auf einmal so bang
ein Zauber lag über dem Orte
lag es an des Vogels Gesang?

Ich sah dieses Mädchen nie wieder
wars ein Traum-oder war es mehr?
Der Sommer kommt Jahr für Jahr wieder
doch mein Mädchen sah ich niemals mehr.

Enteilt

Die erste Liebe wirkt
wie ein Magnet
sie hält uns fest umschlungen
das hat uns schon seit Tausend Jahren
die Liebe selbst gesungen.

Herbstgedanken

Kupfergold erstrahlt die Welt
im stillen Einvernehmen
Blatt für Blatt vom Baume fällt
wie ungeweinte Tränen

Der Sommer schied lautlos dahin
der Herbst möcht´ nun liebkosen
es ist die Zeit zum Neubeginn
die Zeit der Herbstzeitlosen.

Augenblicke

Manchmal spüre ich
die Kindheit in mir
die sich wie eine Blume
kurz öffnet
und sich gleich wieder schließt

Manchmal spüre ich
die Vergangenheit
ich atme die Zeit
die verlorene Zeit
doch bin ich soweit
entfernt von ihr

Manchmal liebe ich mich
und halte mich aus
denn hinter der Maske
verbirgt sich
ein wärmendes Ich.

Herbstmelodie

Es naht die Zeit
schon Nebel wallen
und im tiefen Tal
schmückt sich der Baum
im goldenem Kleid

Verwehtes Laub deckt zu den Staub
nimmt fort des Sommers Spiele

Der Herbst singt seine Melodie
läßt ruhen Seen und Felder
die Natur versinkt in Harmonie
es schweigen nun die Wälder.

Du

Du kamst in mein Leben
und freudiger wurde mein Tag.
Seit dieser Zeit ist für mich
der Tag jung geblieben.

Deine Liebe trägt mich
durch Freud und Leid
deine Liebe trägt mich
durch die Zeit
und hat unseren Herzen
Erfüllung gebracht.

Poesie

Traumverloren wandle ich
auf des Herbstes Spuren
sommerwarm fließt Sonnenlicht
über honiggelbe Fluren

Zeit, du fliehst davon, davon
warte noch ein Weilchen
erst gestern noch erblühten sie
die himmelblauen Veilchen

Erst gestern pflückten wir
bunte Frühlingssträuße
nun klopft der Herbst an unsere Tür
den wir so sehr beklagen

Jedoch die Zeit sie ruht nicht aus
sie zieht mit schnellen Schritten
ich weiß, die Zeit holt mich auch ein
was nützt mir alles Fleh'n und Bitten!

Maienzeit

Es küßt der liebliche Mai
die kleinen Veilchen blau
die Zeit tanzt ihren Reigen
durch Wiesen, Feld und Au

Es blühen Busch und Bäume
nun lieblich in der Zeit
es treffen sich die Träume
sagen an, es ist soweit

Wer seinen Traum erleben will
begrüßt den jungen Maien
wenn sich im Herzen regt still
die ersten Liebeleien

Wenn der Jüngling und die Maid
die ersten Küsse tauschen
trägt der Tag sein eigenes Kleid
möcht´ auch dein Herz berauschen!

Machtlos

Du gönnst der Zeit
keine Zeit sich zu entfalten
denn die Zeit ist ein Teil von dir
Sie begleitet dich durchs Leben
doch du jagst sie gnadenlos
bis sie eines Tages erschöpft resigniert

Die Zeit ist ein eigenwilliges Geschöpf
sie altert mit dir Stund' um Stund'
sei gut zu ihr und du wirst erkennen
die Zeit heilt, oder sie treibt
dich zum Abgrund
achte, daß du dich nicht in der Zeit verlierst!

Urvertrauen

Du wirst Berge besteigen
und Meere befahren
dir bauen ein Schloß
nur für dich allein

Kein Feind kann dich schlagen
keine Macht dich besiegen
wenn du dir selbst vertraust
und fest auf dich baust

Es ist gar nicht so schwer
dich an dich zu gewöhnen
dich an dich anzulehnen
versuche es, ein Versuch
ist es wert!

Rosen der Liebe

Sag mir wo die Rosen blühen
auf dem Weg zu meiner Liebe
Zeige mir die Straße der Sehnsucht
die nie endet, solange ich lebe!

Führe mich zu dem Schloß zurück
dort, wo ich geboren bin
zeige mir den Weg zum Glück
bevor ich mich im Schatten
der Nacht verliere!

Sing mir das Lied von ewiger Treue
und alles Leid der Welt wird vergeh'n!

Wunder

Ich schaute in die Märzenwelt
und fand im Gras versteckt
ein wunderschönes Blümelein
das nun der März geweckt

Gar lieblich war es anzuseh'n
das hier blüht an diesem Orte
mir war, als könnte ich versteh'n
des Schneenglöckchens Worte

Ich lauschte in den jungen März
sah stumm aufs Glöckchen nieder
und fand mich dann zu guter Letzt
in dieser Blume wieder!

Wiedersehen

Ich sah dich wieder
nach vielen Jahren
ich sah dich wieder
nach der Zeit

Du hast dich sehr verändert
ich sah erschreckt in dein Gesicht
doch du merktest
von alledem nichts

Ich sah in deine Augen
die tot und ohne Glanz
deine eigene Mutlosigkeit
spielte ihren letzten Tanz

Vorbei, dein Spiel ist beendet
vorbei, der Ruf der Zeit
das Leben hat dich geblendet
niemand hörte deinen Schrei!

Zärtlichkeiten

Noch einmal jung und verliebt sein –

als ich einst
mit der ganzen Welt vermählt
lauschte deinen Liebesschwüren,
als du mir zärtliche Worte erzählt

Noch einmal jung und verliebt sein
den Wind auf nackter Haut spüren.
Das alles und noch mehr
das wünschte ich mir!

Gedankenaustausch

Über den Haß beginnt die Liebe
die Freude besiegt jeden Schmerz
über den Verrat beginnt die Treue
nach jedem Abschied reift das Herz

Nach jeder Trennung beginnt
aller Anfang
unsere Sinne sind erwacht
die Seele spielt nun aus ihre Macht
und macht uns zum Sieger
oder zum Verlierer!

Goldene Jahre

Es waren die Jahre
die goldenen Jahre
die Jahre unserer Jugendzeit
es war unsere Welt
es waren unsere Träume
wir waren unsterblich verliebt
und so zauberhaft jung
es war wie ein Rausch
jener Zeit

Nun sind wir aus
den Träumen erwacht
wir erlebten
den Sturm und den Regen
die Zeit, sie spielte aus ihre Macht
hat uns zum Sieger oder zum Verlierer
gemacht
So und nicht anders mein Freund
ist das Leben!

Bleib!

Bitte bleib, bevor wir
auseinandergeh'n
ich sehe Tränen
in deinem Gesicht
und weiß, wir werden uns
irgendwann wiedersehen

Nicht heute, nicht morgen
sondern erst dann
wenn wir reif sind
für unsere Liebe.

Zauber der Liebe

Es war Frühling damals
und die Welt war so jung
noch heute zehre ich von
der Erinnerung

Es war Frühling damals
wir waren verliebt
unsagbar verliebt
ich bildete mir ein
es müßte immer so sein
heute, morgen, ein ganzes
Leben lang

Doch das Leben spielte
sein eigenes Spiel
die Liebe zerbrach
eh´ sie richtig begann

Ich glaubte mein Herz
höre auf zu schlagen
doch es schlug weiter
Stunde für Stunde, Tag für Tag

Die Liebe fordert und nimmt
die Liebe, gibt und tötet
die Liebe ist ein
ganz eigenwilliges Geschöpf.

Gewinne!

Du gewinnst aus deiner Einsamkeit
Kraft und Selbstvertrauen
Freude und Glückseligkeit
du mußt dir nur selber vertrauen

Alle Erfüllung trägst du in dir
Stärke und Kraft ist dir gegeben
öffne deine innere Tür
alle weiteren Wunder erfüllt dir das Leben!

Blumenkinder

Es blüht auf weitem Felde
eine Blume fein
hebt ihre zarten Blüten
zum hellen Sonnenschein

Schon ruft die helle Sonne
der kleinen Blume zu:
„Blühe voller Wonne
du zartes Blümlein du!

Laß' leuchten deine Blüten
durch den neuen Tag
der Himmel läßt dich grüßen
und schaut auf dich herab!"

Gedankenspiele

Viel hätte ich zu sagen
zu jammern und zu klagen
doch ich tat es nicht!

Mein Mund blieb stumm
ich weiß nicht warum
doch fand meine Seele
zum Sonnenlicht

Aus dem Dunkel der Nacht
bin ich erwacht
nun gehe ich der endlosen
Freiheit entgegen!

Liebesreise

Mein Herz geht auf die Reise
nun kommt es heut zu dir
auf süße stille Weise
klopft es an deine Tür!

Öffne deine Sinne
und hör mir leise zu
hörst du nicht meine Stimme
die ganz leise sagt:
„Du!"

Siegen!

Und immer singt die Liebe
denn sie verleiht dem Glück
Tausend Flügel

Die Liebe ist wie eine Fata Morgana
die man mit dem Verstand
nicht fassen kann
die man nur mit dem Herzen fühlen kann
die Liebe ist eine Macht
die unsere Sinne benebelt
unsere Herzen knebelt
sie ist der stärkste Trieb der Gefühle.

Unberechenbar

Komm doch, o komm
du unberechenbare Liebe
komm, und betöre meine Sinne
ich will mich dem Augenblick hingeben
denn ich will lieben, nichts versäumen
komm doch, o komm
du Königin der Gefühle.

Vergangenheit

Auch ich wurde einst
von der Liebe überrascht
die Liebe kam mit auf
meine Wanderschaft
sie spielte aus ihren Trumpf, ihre Macht
sie hat mich geküßt, mich ausgelacht
die Liebe, der stärkste Trieb der Welt

Verblüht

Schon lange ist verblüht
der herrlich weiße Flieder,
die letzte Rose welkt dahin.
Verklungen sind die Sehnsuchtslieder
erkennen wir ihren Sinn?

Das alternde Herz entflieht der Zeit,
was zählt ist nur der Augenblick.
Wir schauen nicht zurück im Zorn,
ergeben akzeptieren wir unser Geschick.

Sonne

Die Sonne meines Lebens bist du, nur du
egal wo ich bin auf dieser Welt

Ich liebe dich, ich begehre dich
denn du bist bei mir
auf all meinen Wegen

Umschmeichelt

Der Ruf des Sommers umschmeichelt mich,
ich höre sein werbendes Singen.
Er umwirbt mich mit seinen Schwüren
und was tue ich?
Ich öffne mir selbst alle Türen!

Komm, o komm

Komm doch, o komm
du unberechenbare Liebe
komm und betöre meine Sinne.

Ich will mich dem Glück der Stunde beugen
ich will lieben und glücklich sein
mit dir, nur mit dir ganz allein
ich möcht' im Gefühl des Augenblicks
nichts versäumen.

Komm doch, o komm
du Königin der tiefen Gefühle!

Der erste Liebesbrief

Weißt du noch als du mir einst
den ersten Liebesbrief geschrieben
geschrieben stand dort Wort für Wort
wie sehr wir zwei uns lieben

Es waren nur wenige Zeilen
gedruckt auf weißem Seidenpapier

Ich erinnere mich, wie ich den Brief
in meinen Händen hielt.

Weißt du noch?

Hörst du die alte Linde rauschen
die Pate gestanden für unser Glück
als du verliebte Worte
in die Rinde der Linde geschnitzt?

Ein Zauber umgibt auch noch
heut' jenen Ort
so wie einst vor vielen Jahren
geschrieben steht dort Wort für Wort
wie verliebt wir Beide waren

Du schaust mich an
so verliebt wie einst
und lächelst mir stumm zu
mein einzig geliebter Mann
mein Glück bist du, nur du!

Endlos

Wenn die Hoffnung stirbt
dann sterben auch die Träume
und du wirst einsam sein
jeden Tag ein wenig mehr

Wenn die Hoffnung stirbt
dann stirbt die Seele einen qualvollen Tod
du wirst müde und allein
am End' gehörst du dir nicht einmal selber!

Schatten

Wohin ich auch gehe
auf dem Weg meiner Träume
dein Schatten verfolgt mich
und läßt mich nicht ruh'n.

Weiche zurück, deine Zeit ist vorbei
lasse mich los, gebe mich frei
damit ich wieder frei atme
und ich mir selber nah sein kann.

Nach dem Tag

Nach dem Tag erwachen meine Sinne
es keimt eine stille Hoffnung in mir
nach dem Tag bleibt das Verlangen
das sich sehnt nach dir, nach dir

Nach dem Tag kommen die Träume
vielleicht stillt
die Nacht mein Begehren.

Inhaltsverzeichnis

Weitere Veröffentlichungen bei BoD:

Ostfriesische Geschichten und andere Erinnerungen
Sachbuch
Berichte um das Leben der Flüchtlinge nach dem 1. Weltkrieg und
Auszüge aus der Ostfriesischen und Westpreußischen Geschichte.
ISBN 3-8311-2857-6

Die Bräutigamseiche
Roman im die Irrungen einer Frau.
ISBN 3-8311-0839-0

Land unter dem Wind
Roman um ein Ostholsteinisches Bauerngeschlecht.
ISBN 3-89811-558-5

Der Fremde von Hallig Rüge
Roman um einen gestrandeten Seefahrer, der sich mit
den Bewohnern des Eilands auseinandersetzen muß.
ISBN 3-8311-0316-X

Im Zyklus der Zeit
Gedichte um die Kräfte, die uns treiben.
ISBN 3-89811-251-6

Briefe an eine Tochter
Gedichte um die Liebe einer Mutter.
ISBN 3-925595-17-1

Flieg Seele Flieg
Gedichte aus allen Bereichen des Lebens.

Helga.Panitzky@e-post.de
http://www.Kulturtruhe.de
Helga Panitzky, Hindemithstr. 22, 40789 Monheim am Rhein